D1735493

HELEN EXLEY GESCHENKBÜCHER
Die Kunst Freude zu schenken

Alle Exleybücher finden Sie im Internet unter **www.exley.de**

Weitere Titel in dieser Reihe:
Weise Worte
Was ich Dir wünsche
Eintracht und Stille
Danke für Deine Freundlichkeit
Inspirationen

© Helen Exley 2003

ISBN 3-89713-543-4

Die moralischen Rechte des Autors sind gewahrt.
Veröffentlicht im Jahre 2003 durch den Exley Verlag GmbH,
Kreuzherrenstr.1, D-52379 Langerwehe-Merode,

Herausgegeben von Helen Exley
Illustrationen von Juliette Clark
Übersetzung von Hella Hinzmann
Gedruckt in China

Exley Verlag GmbH, Kreuzherrenstraße 1, D-52379 Langerwehe-Merode

EIN BESONDERES GESCHENK

HOFFNUNG
& MUT

Illustrationen von Juliette Clarke
EIN HELEN EXLEY GESCHENKBUCH

≋EXLEY

Brussels, B - Merode, D - New York, USA - Watford, UK

SEI TAPFER!

*... Ich werde mich nicht hinlegen
und von Sorgen überrennen lassen.*

ELLEN GLASGOW (1874 – 1945)

*Es gibt wirklich nur zwei Wege, das Leben zu meistern: als Opfer
oder als tapferer Kämpfer. Du mußt Dich entscheiden, ob Du
agieren oder reagieren willst. Spiele mit Deinen eigenen Karten
oder mit einem Stapel fremder. Und wenn Du Dich nicht ent-
scheidest, wie Du mit dem Leben spielen willst, wird es immer
mit Dir spielen.*

MERLE SHAIN

Da ist so etwas Belebendes und Stürmisches am Mut;
tue es einfach.

ANITA RODDICK, GEB. 1943, AUS: «VOICES FROM THE HEART»

Wenn ich gebeten würde,
der Menschheit meinen nützlichsten Rat zu geben,
dann wäre es dies:
Erwarte Schwierigkeiten als unvermeidbaren Teil des Lebens.
Und wenn sie kommen, halte Deinen Kopf hoch,
schaue ihnen aufrichtig in die Augen und sage:
"Ich werde stärker sein als Ihr.
Ihr könnt mich nicht besiegen."

ANN LANDERS, GEB. 1918

WENN DEIN BOGEN ZERBROCHEN UND DEIN LETZTER PFEIL VERSCHOSSEN IST, DANN KÄMPFE, KÄMPFE MIT DEINEM GANZEN HERZEN.

ZEN-SPRUCH

DER WEG DURCH DIE SCHWIERIGKEITEN

Hindernisse auf dem Weg der Schwachen werden zu Treppenstufen auf dem Weg der Starken.

THOMAS CARLYLE (1795 – 1881)

Jedes Problem hat ein Geschenk für Dich zur Hand.

RICHARD BACH

Glaube, dass mir genügend Schwierigkeiten und Leiden auf dieser Reise gegeben sind, so dass mein Herz wahrhaftig aufgerüttelt wird und die Aufgabe zu Befreiung und Mitgefühl aufrichtig erfüllen kann.

TIBETANISCHES GEBET

Der wunderbare Reichtum der menschlichen Erfahrung
würde etwas von der lohnenden Freude verlieren,
wenn es keine Grenzen zu überschreiten gäbe.
Die Ankunft auf dem Gipfel wäre nicht halb so schön,
wenn es keine dunklen Täler zu durchqueren gäbe.

HELEN KELLER (1880 – 1968)

Wirklicher Heldenmut

Der Mut ganz gewöhnlicher Menschen ist alles,
was zwischen uns und der Dunkelheit steht.

Pam Brown, geb. 1928

Katastrophen erschüttern die Welt
– Kriege und Krankheiten, Erdbeben,
Überschwemmungen und Feuersbrünste.
Aber immer bringt das auch mutige
und beherzte Taten hervor,
die die Herzen der Menschen tief berühren.
Licht in völliger Dunkelheit.

CHARLOTTE GRAY, GEB. 1937

Heldenmut ist der geniale Triumph über die Angst ...
Heldenmut ist die verblüffende und
ausgezeichnete Konzentration von Tapferkeit.

HENRI FRÉDÉRIC AMIEL (1821 – 1881)

Generationen fragen: «Hat das Leben einen Sinn?
Doch die, die Mut haben, handeln so,
als ob jedes Leben seinen Sinn hat und
geben unserem Planeten über alle Maßen Würde.

PAM BROWN, GEB. 1928

ÜBERLEBEN

Ich habe immer außerhalb meiner Persönlichkeit
nach Stärke und Zuversicht gesucht,
aber sie kommen von innen.
Sie sind da, die ganze Zeit.

ANNA FREUD (1895 – 1982)

Wir wagen nichts Großes außer Schwierigkeiten zu meistern,
die uns entgegen treten; wir halten nicht
an etwas Großem fest, außer am Stolz darauf,
dass wir diese Schwierigkeiten überwinden.

WILLIAM HAZLITT (1778 – 1830)

Ich bin ein Überlebender.
Ein Überlebender zu sein bedeutet nicht,
dass man aus Stahl sein muß.
Es bedeutet, dass man grundsätzlich
auf seiner eigenen Seite ist und gewinnen möchte.

LINDA RONSTADT

HOFFNUNG

DAS TIEFSTE GEFÄNGNIS,
ABGERIEGELT VON LICHT UND LAUT,
KANN DEN MENSCHLICHEN GEIST NICHT
GEFANGEN HALTEN,
WENN HOFFNUNG BLEIBT.
SIE IST EIN FENSTER ZUR WEITEN WELT.
SIE IST DAS BINDEGLIED ZUR LIEBE.

PAM BROWN, GEB. 1928

Im Angesicht aller Übel, die uns beeinflussen
und uns an der Gurgel packen,
haben wir einen nicht zu unterdrückenden Instinkt,
der uns aufrecht hält.

BLAISE PASCAL (1623 – 1662)

Wenn wir flach auf dem Rücken liegen,
geht nichts anderes als nach oben zu schauen.

ROGER W. BABSON

Hoffnung ist etwas sehr Ruhiges, aber Starkes.
Mit ein wenig Nahrung kann sie aushalten.
Mit ein wenig Licht kann sie überleben.
Sie macht das Leben möglich.

CHARLOTTE GRAY, GEB. 1937

Wichtig ist nicht,
dass wir allein durch Hoffnung leben können,
sondern dass das Leben ohne sie nicht lebenswert ist.

HARVEY MILK

VERGIß` NIE DAS GLÜCK

Ich denke nicht an all das Elend,
sondern an das Schöne, das bleibt.

ANNE FRANK (1929 – 1945)

Mut ... ist nicht weniger als
die Kraft, Gefahren, Unglück, Angst
und Ungerechtigkeit zu überwinden,
während man sich im Innersten immer wieder versichert,
dass das Leben mit all seinen Sorgen gut ist;
dass alles bedeutungsvoll ist,
selbst wenn es auf eine Art außerhalb unseres Verstehens ist;
und dass es immer ein Morgen gibt.

DOROTHY THOMPSON (1894 – 1961)

SELBST WENN DAS GLÜCK DICH EIN BIßCHEN VERGIßT,
VERGIß DU ES NIE GANZ.

JACQUES PRÉVERT (1900 – 1977)

Trotz allem,
eine Art Schönheit nimmt den Schatten
von unseren dunklen Seelen weg.

JOHN KEATS (1795 – 1821)

WAHRER MUT

*Mut läßt Dein Handeln
niemals von Furcht beeinflussen.*
ARTHUR KOESTLER (1905 – 1983)

*Verleihe mir den Mut,
nicht aufzugeben,
selbst wenn ich glaube,
dass es hoffnungslos ist.*
CHESTER W. NIMITZ (1885 – 1966)

Unser Angesicht
der Veränderung entgegenhalten
und uns im Angesicht des Schicksals
wie freie Geister benehmen,
das ist unbezwingbare Stärke.

HELEN KELLER (1880 – 1968)

Große Tugendhaftigkeit im Leben
ist wahrer Mut, zu wissen,
den Tatsachen ins Auge zu sehen
und über sie hinaus zu leben.

D. H. LAWRENCE (1885 – 1930)

WOHLSTAND VERLOREN – ETWAS VERLOREN;
EHRE VERLOREN – VIEL VERLOREN;
MUT VERLOREN – ALLES VERLOREN.

ALTES DEUTSCHES SPRICHWORT

EINE DER FEINSTEN EIGENSCHAFTEN
WIRD MIT DEM WORT «SCHNEID»
BESCHRIEBEN
– DIE FÄHIGKEIT WEGZUSTECKEN.
WENN DU
DIE DISZIPLIN HAST,
FEST ZU STEHEN,
WENN DEIN KÖRPER LAUFEN MÖCHTE,
WENN DU
IM ANGESICHT
VON MONOTONIE UND ENTTÄUSCHUNG
DEIN TEMPERAMENT KONTROLLIEREN
UND HEITER BLEIBEN KANNST,
DANN HAST DU
«SCHNEID».

JOHN S. ROOSMAN

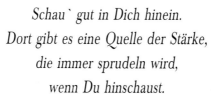

Schau` gut in Dich hinein.
Dort gibt es eine Quelle der Stärke,
die immer sprudeln wird,
wenn Du hinschaust.

MARCUS AURELIUS (121 – 80 V. CHR.)

SPRICH AUS, WORAN DU GLAUBST

Moralische Feigheit, die uns daran hindert,

unsere Meinung zu sagen,

ist gefährliche und unverantwortliche Rede.

Der richtige Weg ist nicht immer der populäre und leichte Weg.

Für das Richtige einstehen, wenn es unpopulär ist,

ist ein wirklicher Test für die Moral.

MARGARET CHASE SMITH

Die Grenzen sind nicht Ost oder West, Nord oder Süd,

sondern immer dort, wo jemand einer Tatsache die Stirn bietet.

HENRY DAVID THOREAU (1817 – 1862)

Befreie uns von der Feigheit,

die vor der neuen Wahrheit zurückweicht,

von der Faulheit, die in Halbwahrheiten liegt.

GEBET DES ALTERTUMS

DEIN MUT

KANN DIE HERZEN TAUSENDER ENTFLAMMEN

– UND IHNEN HELFEN,

VORWÄRTS ZU GEHEN.

PAM BROWN, GEB. 1928

Die Fähigkeit,

einen Kurs zu verfolgen,

ob er populär ist oder nicht,

wird am Mut gemessen.

Je größer der Mut,

desto größer die Möglichkeit,

dass wir für eine Veränderung eintreten.

MILDRED PITTS WALTER AUS: «THE HORN BOOK»

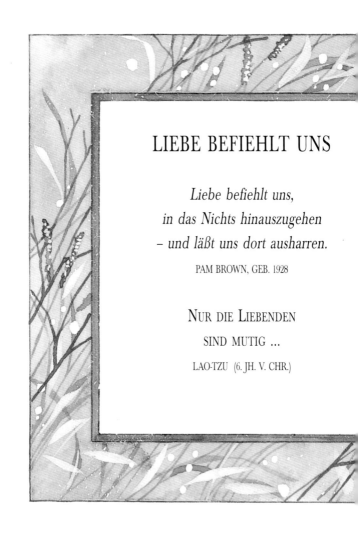

LIEBE BEFIEHLT UNS

Liebe befiehlt uns,
in das Nichts hinauszugehen
– und läßt uns dort ausharren.

PAM BROWN, GEB. 1928

NUR DIE LIEBENDEN
SIND MUTIG ...

LAO-TZU (6. JH. V. CHR.)

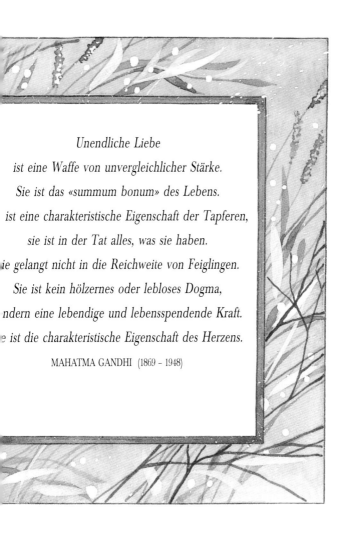

Unendliche Liebe

ist eine Waffe von unvergleichlicher Stärke.

Sie ist das «summum bonum» des Lebens.

ist eine charakteristische Eigenschaft der Tapferen,

sie ist in der Tat alles, was sie haben.

ie gelangt nicht in die Reichweite von Feiglingen.

Sie ist kein hölzernes oder lebloses Dogma,

ndern eine lebendige und lebensspendende Kraft.

e ist die charakteristische Eigenschaft des Herzens.

MAHATMA GANDHI (1869 – 1948)

GANZ GEWÖHNLICHE FAMILIEN

*Das Herz kann einem brechen, wenn man sieht,
wie ganz gewöhnliche Familien versuchen,
Unabhängigkeit zu erreichen – sie trotzen großer Gefahr,
um ein besseres Leben zu finden. Nur um zurückgeschickt zu
werden in Hunger, Armut, Krankheit, zerstörte Häuser,
verlorenes Einkommen.*

Mut jenseits unseres Verstehens.

Leid jenseits unserer Erfahrungen. Da ist ein Mut, den wir kaum

begreifen können – der Mut von Menschen, die bis an die

Grenzen ihrer Existenz gedrängt werden.

Jeder Tag kann den Sieg für das Überleben bringen

– oder eine herzzerbrechende Niederlage.

Jeder Tag bringt die Furcht vor Verlust und auch den Kampf,

die Hoffnung nicht aufzugeben. Und dennoch halten sie aus.

Und sie singen ihre Lieder

und nähren die Hoffnung für ihre Kinder.

...

IN GÄNZLICHER ARMUT ZU LEBEN,

MAHLZEITEN AUS FAST NICHTS ZU BEREITEN,

DIE KINDER GUT ANGEZOGEN

IN SICHERHEIT ZU HABEN,

LACHEN IN DIE TROSTLOSIGKEIT ZU BRINGEN

– DAS IST WAHRER, ANDAUERNDER MUT.

PAM BROWN, GEB. 1928

STÄRKE

Du erlangst Stärke, Mut

und Vertrauen mit jedem Erlebnis,

bei dem Du wirklich aufgehört hast,

Angst zu empfinden. Du kannst dann zu Dir selbst sagen:

«Ich habe diesen Schrecken durchlebt.

Ich kann auch das nächste, das auf mich zukommt,

auf mich nehmen.»

ELEANOR ROOSEVELT (1884 – 1962)

ES IST GUT, ANGST ZU HABEN – ANGST IST EIN
WARNSIGNAL UND EIN SCHUTZ FÜR UNS.
ABER DER ANGST MIT MUT UND INTELLIGENZ
ZU BEGEGNEN, MIT WILLENSSTÄRKE UND FROHSINN
BEDEUTET, ALLE GEFAHREN ZU BESIEGEN, ZU WACHSEN,
DIE HOFFNUNGEN VON UNS ALLEN LEBENDIG ZU HALTEN.

PAM BROWN, GEB. 1928

BESTIMMUNG

Was man tun muß, kann gewöhnlich getan werden.

ELEANOR ROOSEVELT (1884 – 1962)

Die Zeit und ich gegen zwei beliebig andere.

SPANISCHES SPRICHWORT

STEHE IM LEBEN FEST WIE EIN FELS IN DER BRANDUNG,
UNBEEINDRUCKT UND UNBEIRRT VON DEN STÄNDIG TOBEN-
DEN WELLEN.

HAZRAT INAYAT KHAN (1882 – 1927)

Harte Zeiten halten sich nicht – harte Männer schon.

AUTOR UNBEKANNT

Gib nie auf. Nie. Nie. Nie. Niemals.

SIR WINSTON CHURCHILL (1874 – 1965)

WIR WERDEN NICHT STILL STEHEN UND DER ANGST TÜR UND TOR ZU SCHLIMMEREM ÖFFNEN.

Dicht ist uns der Löwe auf den Fersen.
Doch wenn wir uns umdrehen
und ihm direkt in die Augen sehen,
wird er sich davon schleichen.
Je eher wir lernen, dass Angst keine Macht hat
- nur soviel, wie wir zulassen -
desto eher haben wir die Kontrolle über unsere Emoti
Die Tsalagi mögen Angst kennen,
aber ihr stoischer Gesichtsausdruck wird sie nie verra
Für einen Cherokee, u na ye hi s di,
sind Angst oder Schrecken
das Gesicht des Feindes,

der versucht, seine Seele
und seinen Geist erstarren zu lassen,
um ihn leichter zu besiegen.
Das Gebrüll des Löwen
verstummt in dem Moment,
wo wir ihn niederzwingen
mit unserem eigenen ga na nv dsi s gi,
unserem Kriegsgeschrei,
das zeigt,
dass wir Ernst machen.
Wir werden nicht still stehen und der Angst
Tür und Tor zu Schlimmerem öffnen.
Beim wahren Wort aus unserem Munde
– wir verjagen nicht nur den Löwen,
sondern alles, was er verkörpert.
Ich wende mich um mit einem Schrei
und wir sind gerettet!

LUTHER STANDING BEAR (1868 - 1939)

Unser Weg führt nicht über weiches Gras.
Es ist ein Bergpfad mit vielen Steinen,
aber er führt nach oben, der Sonne entgegen.

RUTH WESTHEIMER, GEB. 1928

WIR MÜSSEN VORANGEHEN

Ich vermeide es, nach vorne oder zurück zu schauen,

ich versuche immer aufzuschauen.

CHARLOTTE BRONTË (1816-1855)

WIR MÜSSEN VORANGEHEN,

OB WIR WOLLEN ODER NICHT,

UND WIR GEHEN BESSER

MIT UNSEREM BLICK

NACH VORN GERICHTET

ALS IMMER ZURÜCK.

JEROME K. JEROME (1859 – 1927)

Du mußt akzeptieren, was kommt,
und das Wichtigste ist,
dass Du allem mit Mut begegnest und dem Besten,
was Du zu geben hast.

ELEANOR ROOSEVELT (1884 – 1962)

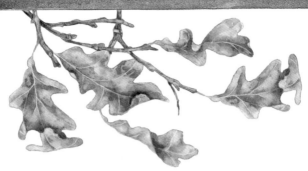

DEINER ANGST BEGEGNEN

... Möge Furchtlosigkeit uns

vorher und nachher behüten!

Möge Furchtlosigkeit uns

darüber und darunter umgeben!

Mögen wir ohne Furcht vor Freund und Feind sein!

Mögen wir ohne Furcht vor dem Unbekannten sein!

Mögen wir ohne Furcht bei Tag und bei Nacht sein!

Laßt die ganze Welt mein Freund sein!

ÜBERSETZT VON RAIMUNDO PANNIKER
AUS «THE VEDAS»

Mut ist Widerstand gegen die Angst,

die Meisterung der Angst,

nicht das Fehlen von Angst.

MARK TWAIN (1835 – 1910)

Mut bedeutet nicht, dass Du ohne Angst bist.

Es bedeutet, dass Du den Mut hast,

der Angst ins Auge zu blicken.

RAMA VERNON, AUS: «A LEAP OF FAITH»

Ich weiß, dass Mut nicht bedeutet,

ohne Angst zu sein, sondern der Triumph über sie.

Ich selbst habe viel öfter Angst empfunden,

als ich mich erinnern kann, aber ich versteckte sie

hinter einer Maske von Unerschrockenheit.

Ein mutiger Mann ist nicht der, der keine Angst hat,

sondern der, der die Angst besiegt.

NELSON MANDELA, GEB. 1918

AUS: «LONG WALK TO FREEDOM»

KÄMPFE FÜR VERÄNDERUNGE

Echte Moral besteht nicht darin,
dem ausgetretenen Pfad zu folgen,
sondern den rechten Weg für sich selbst zu finden
und ihm furchtlos zu folgen.

MAHATMA GANDHI (1869 – 1948)

Alles, was Du tun mußt, ist, geradeaus schauen
und die Straße sehen, und wenn Du sie siehst,
sitze nicht da und sieh` sie an – gehe los.

AYN RAND (1905 – 1982)

Man tut, was man tun muß
– ungeachtet der persönlichen Folgen,
ungeachtet der Hindernisse, Gefahren und Zwänge –
und das ist die Grundlage aller Moral.

JOHN F. KENNEDY (1917 – 1963)

DU SOLLTEST DANN HANDELN,
WENN NIEMAND ANDERS GEWILLT IST,
ZU HANDELN – DANN, WENN MENSCHEN SAGEN,
ES GEHT NICHT.

MARY FRANCES BERRY, GEB. 1938

Ich bin nur ein einzelner, aber ich bin jemand.
Ich kann nicht alles tun, aber ich kann doch etwas tun.

HELEN KELLER (1880 - 1968)

Mögest Du immer den Mut finden,
gegen das Böse aufzustehen, wie immer es sich verkleidet.

PAM BROWN, GEB. 1928

Wenn Du glaubst, zu klein zu sein,
um etwas zu bewirken,
bist Du noch nie mit einer Mücke im Bett gewesen.

ANITA RODDICK, GEB. 1943

STÄRKER WERDEN

MAUERN SIND GEGEN UNS ERRICHTET WORDEN,
ABER IMMER KÄMPFEN WIR,
UM SIE NIEDER ZU REIßEN,
UND IN DIESEM KAMPF WACHSEN WIR,
ERLANGEN WIR NEUE STÄRKE, NEUEN SPIELRAUM.

ESLANDA GODE ROBESON

Wir sollten uns daran erinnern,
dass wir nicht die einzigen sind,
die sich gelegentlich in einer scheinbaren Sackgasse wiederfinden.
So, wie sich ein Drachen gegen den Wind erhebt,
können uns selbst die schlimmsten Schwierigkeiten
nur stärker machen. So, wie Tausende vor uns
ein gleiches Schicksal getroffen hat
und sie es gemeistert haben, so können wir das auch.

DR. R. BRASCH

ICH BITTE NICHT,
AUF EBENEN WEGEN ZU GEHEN,
NOCH EINE LEICHTE LAST ZU TRAGEN.
GIB MIR DEN MUT,
DEN HÖCHSTEN GIPFEL
ALLEIN ZU ERSTEIGEN
UND VERWANDLE
JEDEN STOLPERSTEIN
IN EINEN TRITTSTEIN.

GAIL BROOK BURKETT

MUT SCHAUT DIR
DIREKT IN DIE AUGEN

Mut schaut Dir direkt in die Augen.
Er ist nicht beeindruckt von Gewaltmärschen,
und er kennt Hilfeleistung.
Mut fürchtet sich nicht davor,
zu weinen und zu beten,
auch wenn er sich nicht sicher ist,
zu wem er betet.
Wenn er seinen Weg beginnt,
ist klar,
dass er die Reise vom Alleinsein zur Einsamkeit macht.
Diejenigen, die mir gesagt haben,
Mut wäre unerbittlich, haben nicht gelogen.
Sie haben nur vergessen zu erwähnen,
dass Mut auch freundlich ist.

J. RUTH GENDLER

ANSTÄNDIGE FAMILIEN

Einen Augenblick lang Mut haben
in der Hitze des Gefechts ist genug
– doch der ständige Mut von Männern,
Frauen und Kindern, die – Opfer von Verfolgung
oder Katastrophen – dafür kämpfen, ihre Familien
zusammen zu halten, Nahrung und ein Dach
über dem Kopf zu finden, die Hoffnung zu bewahren,
wenn sie schon verloren ist.
Sie sind die wahren, ungelobten
Helden und Heldinnen.

...

Die ganz normalen Menschen verblüffen im Unglück
die Welt mit ihrem Mut. Sie sind bedeutender
als Könige, Staaten oder der Glaube.
In ihnen hält die Welt aus.

...

Niemand, der nicht schon Terror, Verlust und
Hoffnungslosigkeit durchgemacht hat,
kann sich den Mut jener vorstellen,
die der Verfolgung zu entkommen versuchen
und ein gutes Leben schaffen
wollen für sich und alle, die sie lieben.

PAM BROWN, GEB. 1928

JEDER VON UNS
HAT SEINEN HEIMLICHEN MUT

Jeder von uns hat seine heimlichen Ängste.
Jeder von uns hat seinen heimlichen Mut.

...

Es gibt viele unter uns,
die ohne Mut geboren wurden
– und doch halten wir durch,
halten uns mit letzter Kraft –
entgegen aller Ungleichheit.

...

Wir sind erstaunt
über das Ausmaß unseres Mutes
– Menschen sind weit mutiger,
als sie je für möglich halten.

...

Es ist sehr schwer,
ein Leben mit stillem,
verborgenem Mut
zu leben.
Es ist noch schwerer,
dies zu ertragen ohne Anerkennung.
Halte dies daran fest.
Du bist der Faden,
der die Welt zusammen hält.

Pam Brown, geb. 1928

EIN GEWISSER MUT

Es gibt den Mut,

der durch einen plötzlichen Adrenalinstoß aufkommt

– ein Mut, der außergewöhnliche, gewagte Heldentaten erreicht.

Und dann gibt es den Mut,

der aus Angst und Unschlüssigkeit kommt,

aus langem Ertragen und stiller Entschlossenheit.

Ein Mut, der die Unterschiede abwägt

– und doch vorwärts geht.

Ein Mut, der dem Schmerz und naher Verzweiflung

mit einem hoffnungsvollen Herzen begegnet

– und die Stimmung aller rund herum aufmuntert.

Die Verlassenen, die Alten und die Jüngsten

– jene, die unbekannte Schrecken durchmachen ...

Sie bekommen keine Anerkennung.

Nur Respekt und Ehrfurcht und Dankbarkeit. Nur Liebe.

PAM BROWN, GEB. 1928

AM MUTIGSTEN SIND DIE,
DIE SICH AM MEISTEN FÜRCHTEN
UND DENNOCH AUSHALTEN.

PAM BROWN, GEB. 1928

Zu ertragen ist größer als zu wagen;
nicht aufzugeben; sich durch keine Schwierigkeit
entmutigen zu lassen; sein Herz zu behalten,
wenn alle anderen es schon verloren haben.
Wer sagt, dass das nicht wahre Größe ist?

WILLIAM MAKEPEACE THACKERAY (1811 – 1863)

Der einzige Mut, der von Bedeutung ist, ist der,
der Dich von einem Moment zum anderen trägt.

MIGNON MCLAUGHLIN

Die Zeit verging und mein unbekümmerter Optimismus
verwandelte sich in tieferen Glauben,
der die unschönen Dinge in der Welt abwägt,
doch auf Besseres hofft und sich dafür sie weiter einsetzt,
selbst angesichts einer Niederlage.

HELEN KELLER (1880 – 1968)

MUT
– EIN PERFEKTES GEFÜHL DAFÜR,
WIE GROSS DIE GEFAHR IST,
UND EINE MENTALE BEREITSCHAFT,
SIE ZU ERTRAGEN.

WILLIAM SHERMAN (1820 – 1891)

MACH` WEITER – GEHE VORWÄRTS

Du mußt durchhalten,

weil es nur ein einziges Spiel gibt,

und das ist Dein eigenes Leben.

Du hast keine Wahl.

Du mußt spielen und gewinnen,

wenn Du auf dieser Erde bleiben willst.

EIN RAT AN DEN KREBSPATIENTEN JAMES BROWN

WENN DU IN EINE ECKE GEDRÄNGT WIRST

UND SICH ALLES GEGEN DICH RICHTET,

BIS ES SCHEINT, ALS OB DU ES

KEINE MINUTE LÄNGER AUSHALTEN KÖNNTEST,

GIB` NICHT AUF,

DENN DAS IST GENAU DER ORT UND DIE ZEIT,

WO SICH DAS BLATT WENDET.

HARRIET BEECHER STOWE (1811 – 1896)

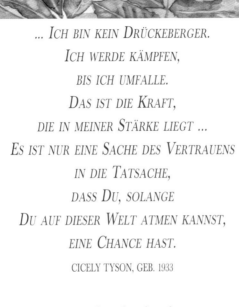

... Ich bin kein Drückeberger.
Ich werde kämpfen,
bis ich umfalle.
Das ist die Kraft,
die in meiner Stärke liegt ...
Es ist nur eine Sache des Vertrauens
in die Tatsache,
dass Du, solange
Du auf dieser Welt atmen kannst,
eine Chance hast.

CICELY TYSON, GEB. 1933

Werde nicht schwach
– kämpfe weiter!
Morgen kommt die Siegeshymne.

MALTBIE D. BABCOCK (1858 – 1901)

MORGEN WIRD DER ANFANG SEIN ...

Da ist so ein Gefühl der absoluten Endgültigkeit
vom Ende einer Reise durch die Dunkelheit.
Die ganze Anordnung der Dinge, mit denen Du gelebt hast,
während der Stunden voll gewaltigen Lärms
in einem Element losgelöst von der Welt,
hört plötzlich auf ... Der Traum vom Fliegen ist plötzlich weg
angesichts der irdischen Wirklichkeit von Gras,
das wächst, und herumwirbelndem Staub,
der langsamen Plackerei der Menschen und der
bleibenden Geduld von verwurzelten Bäumen.

BERYL MARKHAM

... Unglück und Zerstörung sind nicht endgültig.
Das Gras wird im Sommer von neuem wachsen,
wenn das Steppenfeuer es verbrannt hat.

MONGOLISCHE WEISHEIT

GÜTE UND LIEBE
WERDEN ZURÜCKKEHREN

Obwohl niemand zurückgehen
und von neuem beginnen kann,
kann jeder jetzt beginnen und
ein ganz neues Ende schaffen.

CARL BARD

Heute Sturm und Regen,
und heute Gefahr und Schmerz
– morgen ist die Last genommen,
und auf Regen folgt Sonnenschein.

JOAQUIN MILLER (1839 – 1913)

Die Welt ist rund
und der Ort,
der wie das Ende scheint,
kann auch ein Anfang sein.

IVY BAKER PRIEST (1905 – 1975)

WAS IST EIN *HELEN EXLEY GESCHENKBUCH?*

Helen Exley macht schon seit 26 Jahren Geschenkbücher und ihre Leser haben schon achtundvierzig Millionen Exemplare ihrer Bücher in über 30 Sprachen gekauft. Weil alle ihre Bücher Geschenke sind, scheut sie keine Kosten, sicher zu stellen, dass jedes Buch so besinnlich und bedeutungsvoll wie möglich als Geschenk ist: gut zu verschenken und gut zu bekommen. Die Themen des inneren Friedens und der Weisheit sind sehr wichtig in Helen Exleys Leben, und sie hat jetzt mehrere Titel zu diesen Themen geschaffen.

Die Mitglieder ihres Teams helfen, beschauliche Zitate aus vielen hundert Quellen auszusuchen. Dann werden die Bücher persönlich von ihr zusammen gestellt. Mit unendlicher Mühe sichert Helen, dass jede Seite individuell gestaltet wird, um die Worte zu verstärken und dem ganzen Buch wirkliche Tiefe und Bedeutung zu geben.

Das Ergebnis haben Sie in der Hand. Wenn Sie es als wertvoll empfinden – sagen Sie es weiter. Wir geben das Geld lieber für mehr gute Bücher aus, als es zu verschwenden für Werbung, wenn es eine Kraft auf Erden gibt wie die persönliche Empfehlung von Freunden.

Exley Verlag GmbH
Kreuzherrenstrasse 1 - D-52379 Langerwehe-Merode

www.exley.de

Danksagungen: Die Veröffentlicher sind für die Erlaubnis dankbar, Copyright-Materialien reproduzieren zu dürfen. Obwohl alle Bemühungen unternommen wurden, weitere Copyright-Besitzer zu finden, würde sich der Veröffentlicher freuen, von jenen zu hören, die hier nicht aufgeführt sind. LUTHER STANDING BEAR: aus Land of theSpotted Eagle, veröffentlicht von der University of Nebraska Press. Veröffentlicht mit Genehmigung. J. RUTH GENDLER: «Courage» aus The Book of Qualities, Harper Collins, © 1988 von J. Ruth Gendler. Nachdruck mit Genehmigung des Autors. BERYL MARKHAM: aus West with the Night von Beryl Markham, veröffentlicht von North Point Press. Verwendet mit Genehmigung von Pollinger Ltd. PAMBROWN, CHARLOTTE GRAY: verwendet mit Genehmigung © 2003.

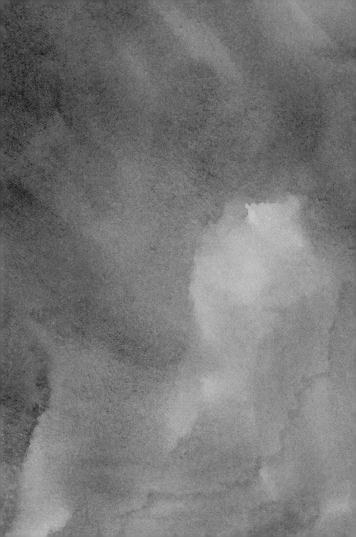

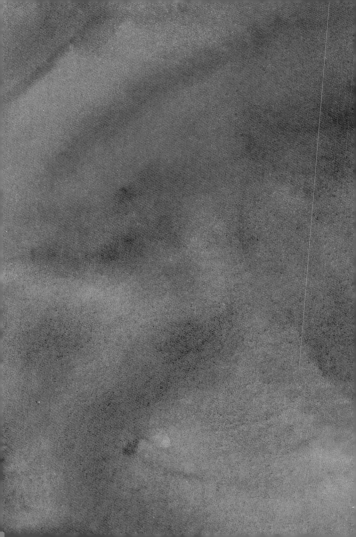